BEI GRIN MACHT SICH IHR WISSEN BEZAHLT

- Wir veröffentlichen Ihre Hausarbeit, Bachelor- und Masterarbeit

- Ihr eigenes eBook und Buch - weltweit in allen wichtigen Shops

- Verdienen Sie an jedem Verkauf

Jetzt bei www.GRIN.com hochladen und kostenlos publizieren

Tobias Tilgner

Ist das Trennbanksystem ein Eckpfeiler der Finanzmarktstabilität im Euroraum?

GRIN Verlag

Bibliografische Information der Deutschen Nationalbibliothek:

Die Deutsche Bibliothek verzeichnet diese Publikation in der Deutschen National-
bibliografie; detaillierte bibliografische Daten sind im Internet über http://dnb.d-
nb.de/ abrufbar.

Impressum:

Copyright © 2014 GRIN Verlag GmbH
Druck und Bindung: Books on Demand GmbH, Norderstedt Germany
ISBN: 978-3-656-74714-7

Dieses Buch bei GRIN:

http://www.grin.com/de/e-book/280809/ist-das-trennbanksystem-ein-eckpfeiler-
der-finanzmarktstabilitaet-im-euroraum

GRIN - Your knowledge has value

FOM – Hochschule für Oekonomie & Management

Hochschulzentrum Duisburg

Berufsbegleitender Studiengang zum Bachelor of Arts (Business Administration)

6. Semester

Seminararbeit im Modul Internationale Finanzbeziehungen

Das Trennbanksystem als Eckpfeiler der Finanzmarktstabilität im Euroraum?

Autor: Tobias Tilgner

27.07.2014

Inhaltsverzeichnis

Abkürzungsverzeichnis

BaFin	Bundesaufsichtsamt für Finanzdienstleistungen
EZB	Europäische Zentralbank
ESZB	Europäischen System der Zentralbanken
KfW	Kreditanstalt für Wiederaufbau
SoFFin	Sonderfonds Finanzmarktstabilisierung

Symbolverzeichnis

%	Prozent
&	und

Tabellenverzeichnis

1 Einleitung

1.1 Problemstellung

Im Jahr 2008 wurde die Bankenbranche durch die Insolvenz der US-Bank "Lehman Brothers" massiv erschüttert. Die Insolvenz war die erste Folge der Finanzkrise, welche durch die sogenannte „Immobilienblase" ausgelöst wurde. Bis zu diesem Zeitpunkt gingen viele Experten davon aus, dass eine solch große Bank, mit einer Bilanzsumme von ca. 639 Mrd. Dollar[1], nicht in die Insolvenz geraten kann. Durch das fehlende Vertrauen drohte nun der Zusammenbruch des gesamten Banksystems. Die US-Regierung verabschiedete daher im Oktober 2008 ein rund 700 Mrd. US-Dollar schweres Rettungspaket für die Banken.[2] Obwohl die Krise durch die US-Bank "Lehmann Brothers" ausgelöst wurde, benötigten auch deutsche Banken staatliche Unterstützung. Die Bundesrepublik Deutschland unterstützte z.b. die Commerzbank aus dem Sonderfonds Finanzmarktstabilisierung (SoFFin) mit ca. 15 Milliarden Euro an staatlichen Garantien sowie 16,4 Mrd. Euro an stillen Einlagen. Außerdem übernahm der SoFFin 25% plus eine Aktie der Commerzbank für rund 1,8 Mrd. Euro.[3]

Um eine solche Krise in Zukunft zu vermeiden, wurden im europäischen Währungsraum verschiedene präventive Schutzmaßnahmen eingeführt. So gilt z.B. ab 2016 ein Abwicklungsmechanismus, welcher im Ernstfall die Abwicklung eines systemrelevanten Instituts übernimmt. Bei der Abwicklung sollen zunächst die Aktionäre und Sparer des Kreditinstituts herangezogen werden. Im Weiteren wurde eine gemeinschaftliche europäische Einlagensicherung geschaffen, in die alle Institute des Euroraums einzahlen.[4]

Derzeit entwickelt EU-Binnenmarktkommissar Michel Barnier einen Entwurf, welcher eine Trennung des Eigenhandels des Investment-Bankings vom restlichen Bankgeschäft, vor allem dem Commercial Banking, vorsieht.[5] In dieser Arbeit soll geklärt

---

[1] Vgl. http://www.welt.de/wirtschaft/article126335568/Milliarden-Ausschuettung-fuer-Lehman-Glaeubiger.html, abgerufen am 25.07.2014.
[2] Vgl. Sauter W. (2010), S. 37.
[3] Vgl. http://www.handelsblatt.com/unternehmen/banken/kapitalerhoehung-commerzbank-will-den-staatrausschmeissen/7919576.html, abgerufen am 03.07.2014.
[4] Vgl. http://www.bundesbank.de/Redaktion/DE/Reden/2014/2014_01_16_nagel.html, abgerufen am 03.07.2014.
[5] Vgl. http://www.handelsblatt.com/politik/international/michel-barnier-eu-kommissar-verteidigt-trenn banken-gesetz/9400800.html, abgerufen am 03.07.2014.

werden, ob das Trennbanksystem einen Eckpfeiler der Finanzmarktstabilität im europäischen Währungsraum darstellt.

1.2 Zielsetzung und Gang der Arbeit

Die vorliegende Arbeit befasst sich mit der im vorherigen Kapitel ausgeführten Problemstellung. Zentrale Zielsetzung ist es, die Frage zu klären, ob das Trennbanksystem als Eckpfeiler der Finanzmarktstabilität im europäischen Währungsraum gilt. Des Weiteren sollen die institutionellen Grundlagen des Bankensystems sowie die theoretischen Grundlagen der Finanzmarktstabilität geklärt werden.

Die Fragestellung wird in dieser Arbeit wie folgt bearbeitet:

In Kapitel zwei werden die institutionellen Grundlagen des Bankensystems erläutert. Hierbei wird insbesondere auf die Rolle der Geschäftsbanken im Finanzsystem, Markt- und Organisationsstrukturen im Bankenmarkt sowie auf einen internationalen Vergleich der Bankensysteme eingegangenen. An dieses Kapitel schließen die theoretischen Grundlagen im Kapitel drei an. In diesem Kapitel sollen vor allem Modelle und Erklärungsansätze für Finanzmarktstabilität aufgeführt werden. Das vierte Kapitel stellt die eigentliche Analyse der Arbeit dar. Neben den Argumenten für und gegen das Trennbanksystem wird vor allem eine kritische Würdigung gegeben. Anschließend findet im Rahmen des „Student Consulting Projekts" ein Bezug zur Stadtsparkasse Düsseldorf statt. Die Arbeit endet mit dem Fazit im fünften Kapitel.

2 Institutionelle Grundlagen des Bankensystems

2.1 Markt- und Organisationsstruktur im Bankenmarkt

Das klassische Geschäft einer Universalbank gliedert sich in zwei verschiedene Geschäftsbereiche. Diese sind zum einem das Commercial Banking und zum anderem das Investment Banking.

Im Rahmen des Commercial Bankings führt die Bank das klassische Einlagen- und Kreditgeschäft. Daneben werden Dienstleistung, wie z.b. Zahlungsverkehr angeboten. Das Kreditinstitut nimmt als Finanzintermediär Kapital der Kapitalgeber in Form von Spar- und Termineinlagen, Anleihen und Eigenkapital auf. Das Kapital wird an die Kapitalbegeber in Form von Krediten und Finanzanlagen weitergereicht. In der Bankbilanz spiegelt die Aktivseite daher die Verwendung der Mittel wieder. Die Passivseite stellt die Mittelherkunft dar.[6]

Im Rahmen des Commercial Bankings übernimmt die Bank verschiedene Transformationsleistungen, aus denen sich Erträge generieren lassen. Zu den bedeutendsten Transformationsleistungen gehören die Losgrößen-, Fristen- und Risikotransformation. Die Losgrößentransformation bedeutet, dass die Höhe der einzelnen Kredite nicht mit den Einlagen übereinstimmen muss. So kann z.b. ein Kredit in Höhe von 500.000,00€ vielen kleineren Spareinlagen gegenüber stehen. Eine weitere Transformationsleistung stellt die Fristentransformation dar. Die Fristentransformation beschreibt, dass Laufzeiten von Einlagen und Krediten unterschiedlich sein können, z.b. kann ein Kredit mit zehnjähriger Laufzeit einem Tagesgeld gegenüberstehen. Bei der Risikotransformation diversifiziert die Bank das Risiko eines einzelnen Kredites, indem eine große Anzahl von Krediten vergeben wird. Bei Verteilung des Kreditengagements werden ebenfalls die unterschiedlichen Risiken berücksichtig, z.b. sind die Risiken bei einer Finanzanlage in Form eines Bundesschatzbriefes der Bundesrepublik Deutschland nicht mit dem Risiko einer zusätzlichen Kreditlinie bei einem Unternehmen in Liquiditätsengpässen vergleichbar.[7]

---

[6] Vgl. Hartmann-Wendels T., Pfingsten A., Weber M. (2010), S. 12.
[7] Vgl. Gischer H., Herz B., Menkhoff L. (2012), S. 12f..

Bei Betrachtung der Bank im weiteren Sinne unterstützt die Bank mit der Investment Banking-Funktion den Handel an den Finanzmärkten. Innerhalb des Investment Bankings übernimmt die Bank verschiedene Aufgaben. Dazu gehören z.b., dass der Handel von Finanzkontrakten ermöglicht wird, die Emission von Fremd- und Eigenkapital für verschiedene Institute, sowie das Angebot von Vermittlungsleistungen wie Mergers & Acquisitions. Im Bereich des Handels an den Finanzmärkten bietet eine Bank verschiedene Dienstleistungen an. Dazu gehört die direkte Vermögensverwaltung für einen Kunden im Rahmen des Asset Managements sowie die Funktion des Market Makers, indem die Bank An- und Verkaufspreise für bestimmte Finanzkontrakte stellt und ggf. selbst als Kontraktpartner eintritt. Ein weiterer wichtiger Bereich im Bezug auf den Handel an den Finanzmärkten stellt der Eigenhandel der Banken dar. Mit dem Eigenhandel versuchen die Banken ihren Gewinn zu steigern. Gleichzeitig erhöhen sie dadurch die Liquidität am Markt, wodurch der Handel erleichtert wird.[8]

2.2   Die Rolle der Geschäftsbanken im Finanzsystem

Im Sektor der Geschäftsbanken lassen sich die Kreditinstitut in zwei verschiedene Hauptgruppen einteilen. Dieses sind die Universal- und Spezialbanken. Neben diesen beiden Hauptgruppen gibt es noch weitere Finanzintermediäre, welche sich in Banknahe Finanzinstitute und Nichtbanken am Bankenmarkt aufteilen lassen.[9] Als Banknahes Finanzinstitut ist z.B. Paypal einzuordnen. In der Abbildung 1 sind die drei Hauptgruppen des Geschäftsbanksektors aufgeführt.

Universalbanken	**Spezialbanken**	**Sonstige**
• Sparkassen/Landesbanken (426) • Genossenschaftliche Banken (1080) • private Kreditinstitute (275)	• Kreditinstitute mit Sonderaufgaben (20) • Banken mit spezieller Geschäftsausrichtung (39)	• Banknahe Finanzinstitute • Nichtbanken am Bankenmarkt

Tabelle 1: Übersicht des Geschäftsbanksektors[10]

---

[8] Vgl. Hartmann-Wendels T., Pfingsten A., Weber M. (2010), S. 16f..
[9] Vgl. Tolkmitt V. (2007), S. 52.
[10] In Anlehnung an Tolkmitt V. (2007), S. 52., Deutsche Bundesbank (2014) S. 24*.

Das deutsche Bankensystem zeichnet sich durch ein Universalbanksystem aus. „Von einem Universalbanksystem spricht man, wenn unter den Institutionen eines Kapitalmarkts die Universalbanken dominieren."[11]. Die Universalbanken lassen sich in der Bundesrepublik Deutschland grundsätzlich weiter in drei Gruppen einteilen. Diese sind die 417 Sparkassen und 9 Landesbanken, die 1080 Genossenschaftsbanken und die 275 privaten Banken.[12] „Eine Universalbank i.w.S. ist ein Finanzdienstleister, der universell tätig ist, der also jegliches Finanzgeschäft an jeglichem Ort jederzeit betreibt. Eine Universalbank i.e.S. ist ein Finanzdienstleister, der sowohl das Wertpapiergeschäft als auch das Einlage- und Kreditgeschäft betreibt."[13] Der Vorteil der Universalbanken liegt also darin, dass diese eine Vielzahl von übergreifenden Finanzdienstleistungen anbieten können. Durch diese Möglichkeit kann die Bank dem Kunden ganzheitliche Lösungen anbieten. Im klassischen Privatkundengeschäft bedeutet dies z.B., dass die Bank dem Kunden neben dem Girokonto für den Zahlungsverkehr auch passende Kapitalmarktprodukte, wie Zertifikate, anbieten kann. Im Firmenkundenbereich stellt z.B. die Absicherung von Wechselkursrisiken ein Angebot dar, welches im Trennbankensystem nicht möglich wäre.[14]

Bei den Universal- und Spezialbanken handelt es sich um Kreditinstitute nach KWG, die Gruppe der Sonstigen (siehe Tabelle 1) werden als Finanzinstitute / Finanzunternehmen nach KWG eingestuft.[15]

In der Bundesrepublik Deutschland gibt es ebenfalls mehrere Spezialbanken. Den größeren Anteil der Spezialbanken machen Banken mit spezieller Geschäftsausrichtung aus. Hierzu gehören z.B. Bausparkassen, Kapitalanlagegesellschaften oder Wertpapiersammelbanken.[16] Als Bank mit Sonderaufgaben gilt z.B. die Kreditanstalt für Wiederaufbau (KfW). Die KfW ist mit einer Bilanzsumme von 72,5 Mrd. Euro zum 31.12.2013 die weltweit größte Förderbank.[17]

---

[11] Aulibauer A., Thießen F. (2002), S. 62.
[12] Vgl. Deutsches Bundesbank (2014), S. 24*.
[13] Aulibauer A., Thießen F. (2002), S. 62.
[14] Vgl. Hartmann-Wendels T., Pfingsten A., Weber M. (2010), S. 24ff.
[15] Vgl. Tolkmitt V. (2007), S. 52.
[16] Vgl. Hartmann-Wendels T., Pfingsten A., Weber M. (2010), S. 31.
[17] Vgl. KfW (2014).

Über den Geschäftsbanken steht in Deutschland die Deutsche Bundesbank. Im Jahr 1876 wurde in der Bundesrepublik erstmals eine einheitliche Zentralbank geschaffen. Mit der Währungsreform und der Einführung der D-Mark wurde in den nicht sowjetisch verwalteten Besatzungszonen die Vorläuferin der Deutschen Bundesbank, die Bank deutscher Länder, gegründet, welche im Jahr 1957 von der heutigen Deutschen Bundesbank abgelöst wurde.[18] „Als Bank der Banken hat die Bundesbank die Aufgabe, den Geschäftsbanken Bargeld und Zentralbankguthaben anzubieten. (...) Als Bank des Staates wickelt die Bundesbank den Zahlungsverkehr und die Wertpapieremission für den Staat ab. Darüber hinaus verwaltet die Bundesbank weiherhin die an die EZB übertragenen Währungsreserven."[19]

Die Deutsche Bundesbank vertritt die Bundesrepublik Deutschland im Eurosystem sowie im Europäischen System der Zentralbanken (ESZB). Das Eurosystem bestimmt für alle 18 teilnehmenden Ländern die Geldpolitik im Europäischen Währungsgebiet. Im Gegensatz dazu sind im ESZB alle Nationalbanken der Mitgliedsländer der Europäischen Union vertreten.[20]

2.3 Bankensystem im internationalen Vergleich

Im internationalen Vergleich fällt auf, dass weltweit viele verschiedene Bankensysteme existieren. Außerdem gibt es nach der Finanzkrise in mehreren Ländern Diskussionen über die Trennung von Commercial- und Investment Banking.

Im Jahr 1933 wurde mit dem Banking Act in den Vereinigten Staaten von Amerika als Folge der Weltwirtschaftskrise im Jahr 1929 das Trennbankensystem durch den Gesetzgeber offiziell eingeführt. Die Modelle des Trennbankensystems wurden bereits im Jahr 1838 im Free Banking Act des Staates New York festgelegt.[21] Im Jahr 1999 wurden diese strikten Regeln des Trennbanksystems in den USA aufgehoben, ein Grund hierfür war, dass Spezialbanken Ihre Ertragsquellen nicht ausreichen diversifizieren konnten.[22] Nach der erneuten Finanzkrise soll nun nach der Volcker-Regel das Trennbanksystem in Teilen wieder eingeführt werden. "Danach dürfen Kreditinstitute, die an die staatliche

---

[18] Vgl. Tolkmitt V. (2007), S. 48.
[19] Tolkmitt V. (2007), S. 48.
[20] Vgl. Gischer H., Herz B., Menkhoff L. (2012), S. 44f..
[21] Vgl. Möschel W. (1978), S. 33.
[22] Vgl. Burghof H. (2012), S. 3.

Einlagensicherung angeschlossen sind, keinen Eigenhandel mit Wertpapieren, die eine Laufzeit von weniger als 60 Tagen haben, betreiben. Ausnahmen werden für Market-Making-Aktivitäten sowie den Handel mit US-Staatsanleihen gewährt. Daneben wird das Engagement der Banken bei Hedgefonds, Private Equity Fonds und Privatinvestoren begrenzt."[23] Die Volcker-Regel wurden im Dezember 2013 durch Vertreter der amerikanischen Regulierungsbehörde in der USA beschlossen. Es gilt eine Übergangszeit bis Mitte 2015.[24] Die Finanzmarktstabilität soll durch das Verbot, bzw. die Einschränkung des Eigenhandels erhöht werden.

In der Schweiz wurde über ein Bridge-Banken-System diskutiert. Hierbei handelt es sich um ein nachgelagertes Trennbankensystem. Die beiden schweizer-systemrelevanten Großbanken UBS und Crédit Suisse würden im Ernstfall die für die schweizerische Wirtschaft notwendigen Bereiche trennen und in eine Bridge-Bank überführen. Die restlichen Bereiche der Bank wären nicht mehr systemrelevant und könnten getrennt in eine geordnete Insolvenz übergeführt werden.[25]

Ein weiterer Vorschlag zum Trennbanksystem wurde in Großbritannien unter Leitung von John Vickers (Vickers Kommission) erarbeitet. „Banken werden darin verpflichtet, ihr Einlagen- und Kreditgeschäft (Einlagenbank) von den stärker risikobehafteten Kapitalmarktaktivitäten (Handelsbank) abzuschirmen."[26] Die Einlagenbank soll rechtlich und operativ unabhängig von der Muttergesellschaft sein. Der Einlagenbank ist es verboten, Dienstleistungen außerhalb des Europäischen Wirtschaftsraums anzubieten. Geplant war, dass die Dienstleistungen nur innerhalb von Großbritannien angeboten werden dürfen, dieses war jedoch nicht mit dem EU-Recht in Einklang zu bringen.[27] Der Einlagenbank sind Transaktionen mit Finanzinstitutionen, welche keine Einlagenbank sind, verboten. Ebenso ist die Durchführung von Kapitalmarktaktivitäten wie Eigenhandel, Market-Making und Emissionshandel untersagt.[28]

---

[23] Steinberg P., Somnitz (2012), S. 385.
[24] Vgl. http://www.handelsblatt.com/unternehmen/banken/volcker-vorschriften-us-bankenregeln-nach-lan gem-gezerre-beschlossen/9195302.html, abgerufen am 09.07.2014.
[25] Vgl. Steinberg P., Somnitz (2012), S. 386.
[26] Klaus B., Schäfer D. (2013), S. 11.
[27] Vgl. Sachverständigenrat (2011), S. 162.
[28] Vgl. Klaus B., Schäfer D. (2013), S. 11.

Auch die Europäische Union hat mit der „High-level Expert Group on reforming the structure of the EU banking sector" unter Vorsitz des Präsidenten der finnischen Zentralbank Erkki Liikanen einen Vorschlag zum Trennbankensystem in der Europäischen Union entworfen. Der Grundgedanke dieses Konzeptes ist, dass der Eigenhandel sowie alle Vermögenswerte und derivativen Positionen, die dem Market Making dienen, in eine zusätzliche juristische Einheit ausgelagert werden. Eine Trennung zwischen Normalbank und Handelsbank ist jedoch nur dann erforderlich, wenn die Handelsaktivitäten einen erheblichen Anteil am Geschäft der Bank ausmachen.[29] Im ersten Schritt wird nun eine Bestandsaufnahme von Banken, bei denen der Anteil des abzutretenden Geschäfts in die Handelsbank mehr als 15% der Bilanzsumme oder mehr als 100 Mrd. Euro ausmacht, durchgeführt. Erst im zweiten Schritt werden die konkreten Schwellenwerte von der EU festgelegt.[30]

In der Tabelle 2 sind die wesentlichen Inhalte der drei wichtigsten Reformvorschläge übersichtlich gegenübergestellt.

	Volcker	Liikanen	Vickers
Reform Ansatz	Institutionelle Trennung von Einlagen- und Kreditgeschäft sowie bestimmten Kapitalmarktaktivitäten	Tochtergesellschaften: Eigenhandel und risikobehaftete Kapitalmarktaktivitäten müssen in einer rechtlich eigenständigen Gesellschaft angesiedelt werden	Risikoabschirmung: Strukturelle Trennung von Aktivitäten mittels einer Risikoabschirmung für das einlagenfinanzierte Intitut
Einem Institut mit Einlagenfinanzierung ist gestattet: Eigenhandel mit Wertpapieren und Derivaten	Nein	Nein	Nein
Investitionen in Hedgefonds und Private-Equity-Fonds	Nein	Nein	Nein
Kauf und Verkauf von Wertpapieren im Kundenauftrag („Market Making")	Ja	Nein	Nein
Emissionshandel	Ja, auf Kundenanfrage	Ja	Eingeschränkt
Engagement in anderen Finanzinstituten (nicht zu Handelszwecken)	Uneingeschränkt	Uneingeschränkt	Eingeschränkt (innerhalb der Gruppe)
Holdinggesellschaft mit einlagenfinanzierter und Kapitalanlage-Tochtergesellschaften	Nicht gestattet	Gestattet	Gestattet
Geographische Beschränkung	Nein	Nein	Ja, nur innerhalb von Europa

Tabelle 2: Übersicht über die Reformvorschläge[31]

---

[29] Vgl. High-level Expert Group on reforming the structure of the EU banking sector (2012), S. 2.
[30] Vgl. Klaus B., Schäfer D. (2013), S. 8f..
[31] In Anlehnung an: Klaus B., Schäfer D. (2013), S. 9.

In der Bundesrepublik Deutschland hat am 6. Februar 2013 die Bundesregierung einen Gesetzentwurf vorgestellt, welcher die Trennung des Eigenhandels ohne Kundenbezug vom Einlagengeschäft vorsieht. Dieser Entwurf baut auf das Konzept der „High-level Expert Group on reforming the structure of the EU banking sector" auf.[32] Das Gesetz ist endgültig am 13. August 2013 in Kraft getreten, nachdem es am 17. Mai 2013 vom deutschen Bundestag und am 7. Juni 2013 vom Bundesrat verabschiedet wurde.[33] Das Gesetz beinhaltet die Trennung des Handelsgeschäftes in eine selbstständige Handelsbank, wenn das Volumen der Handelsaktivitäten im letzten Jahr 100 Mrd. Euro überstiegen hat, oder wenn das Kreditinstitut in den letzten drei Jahren eine Bilanzsumme von über 90 Mrd. Euro erreicht hatte und die Handelsaktivitäten mind. 20% ausmachten.[34] Die Bundesrepublik erlaubt den Instituten weiterhin das Market Making und weicht hier vom Liikanen-Vorschlag ab.[35]

---

[32] Vgl. Bundesministerium der Finanzen (2013), S. 3.
[33] Vgl. http://dipbt.bundestag.de/extrakt/ba/WP17/508/50871.html, abgerufen am 09.07.2014
[34] Vgl. Bundesgesetzblatt Teil 1 2013 Nr. 47 12.08.2013 S. 3090.
[35] Vgl. Klaus B., Schäfer D. (2013), S. 9.

3   Theoretische Grundlagen zur Finanzmarktstabilität

3.1   Modell der Finanzmarktstabilität

Der Finanzmarkt besteht aus vier verschiedenen Teilmärkten, dazu gehören der Geld-, der Kapital-, der Kredit- und der Devisenmarkt. Im Rahmen der Finanzmarktstabilität sollen an diesen Märkten keine Störungen auftreten, sodass ein reibungsloser Ablauf sichergestellt wird, dieses wird durch eine Markregulierung und –Steurerung erreicht.[36]

Um einen solchen stabilen Finanzmarkt sicherzustellen, gibt es nationale und internationale Aufsichtsbehörden. In der Bundesrepublik Deutschland überwacht das Bundesaufsichtsamt für Finanzdienstleistungen (BaFin) den Finanzmarkt und inbesondere die Kreditinsitute. Die Aufsichtbehörde nimmt die Funktion der Marktregulierung wahr.[37]

Die Marktsteuerung wird von den von den Zentralbanken wahrgenommen. In der Bundesrepublik Deutschland nimmt dies die bereits im vorherigen Kapitel vorgestellt Bundesbank wahr. Die Deutsche Bundesbank hat jedoch im Rahmen des europäischen Währungsraums einen Großteil ihrer Kompetenzen an die Europäische Zentralbank übertragen. Der Präsident der Deutschen Bundesbank nimmt regelmäßig an den Sitzungen der EZB teil. Dadurch ist die Deutsche Bundesbank in die Entscheidungen der EZB integriert.[38]

3.2   Risiken für die Finanzmarktstabilität

Verschiedene Risiken bedrohen das Bankensystem. Diese entstehen einerseits durch das Verhalten der Anleger selbst und zum anderen durch die Organisation und den Aufbau der Banken.

Eines der bedeutendsten Risiken für die Finanzmarktstabilität besteht im systemischen Risiko. Das systemische Risiko beschreibt das Risiko, welches im Finanzsystem selber besteht, wenn sich die Schieflage einer Bank wie ein Domioeffekt auf das gesamte Bankensystem ausbreitet.[39] Inbesondere Großbanken stellen für das Bankensystem eine

---

[36] Vgl. Tolkmitt V. (2007), S. 38f.
[37] Vgl. Gischer H., Herz B., Menkhoff L. (2012), S. 52f..
[38] Vgl. Gischer H., Herz B., Menkhoff L. (2012), S. 52f..
[39] Vgl. Hartmann-Wendels T., Pfingsten A., Weber M. (2010), S. 391.

Gefahr dar, da diese im Rahmen der "too big to fail"-Probelamtik eine bedeutende Rolle einnehmen. Bei der "too big to fail"-Probelamtik handelt es sich um das Problem, dass Banken zu groß und daher so stark systemrelevant sind, dass eine Abwicklung ohne einen volkswirtschaftlichen Zusammenbruch nicht möglich ist.[40]

Im Rahmen des Commercial Bankings, übernimmt die Bank verschiedene Transformationsleistungen, wie z.b. die Losgrößen- und Fristentransformationsleistung.[41] Eine solche Transformationsleistung birgt jedoch auch eine latente Instabilität des Bankensektor, denn es besteht jederzeit das Risiko, dass Sparer massenweise Ihre Spareinlagen abziehen, dieses Phänomen wird als Bank Run bezeichnet.[42] Gerade bei Banken und Finanzsystemen, welche in Schieflage geraten ist ein solcher Bank Run festzustellen, zuletzt hat z.b. in Zypern im Jahr 2011 einen Bank Run stattgefunden.[43]
Bank runs

Ein Fehler, welcher von Banken im Rahmen der Transformationsleistung begangen werden kann ist, dass eine Bank in Ihrem Portfolio einen sehr großen Kreditnehmer oder viele einzele Kreditnehmer mit gleicher Bonitätsänderungen, z.b. aus der gleichen Branche, aufweist. Daraus entsteht das sogenannte Klumpenrisiko, da das Portfolio nicht weit genug diversifiziert ist und bei einem Aufall des großen Kredits die Stabilität der Bank und die Einlagen der Kunden gefährdet sind.[44]

[40] Vgl. Gischer H., Herz B., Menkhoff L. (2012), S. 408.
[41] Vgl. Kap. 2.1.
[42] Vgl. Hartmann-Wendels T., Pfingsten A., Weber M. (2010), S. 241.
[43] Vgl. Kopf C. (2013), S. 234.
[44] Vgl. Tolkmitt V. (2007), S. 157.

4 Bezug des Trennbankensystem auf den Finanzmarkt im Euroraum

4.1 Argumentation für das Trennbankensystem in Europa

Die Einführung eines Trennbankensystems erscheint aus mehreren Gründen als sinnvoll und erforderlich. Innerhalb der letzten Jahren hat es einige Veränderungen innerhalb der Bankenbranche gegeben. Im Jahr 1998 haben Derivate das dreifache des weltweiten Bruttoinlandsproduktes betragen, das Verhältnis hat sich bis zum Jahr 2011 auf 1:11 verändert. Auch die Bilanzsummen der Kreditinstitute übersteigen zum Teil das Vielfache das Bruttoinlandsprodukts des Sitzlandes. So hat z.b. die Schweizer Großbank UBS eine Bilanzsumme, die 260% des Bruttoinlandsprodukt der Schweiz beträgt. Eine Insolvenz einer solchen Bank hätte massive Ausmaße auf das gesamte Wirtschaftssystem des Landes sowie weltweit.[45]

In vielen Kreditinstituten, welche als Universalbank auftreten, stellte das Investmentbanking in den letzten Jahren die Haupteinnahmequelle dar, bei der Deutschen Bank machte das Investment Banking z.b. im Jahr 2010 ca. 71% des Vorsteuergewinns aus. In den letzten Jahren haben viele Banken ihre Aktivitäten im Investment Banking jedoch zurückgefahren.[46]

Im Gegensatz zum Commercial Banking sind die Erträge aus dem Investment Banking sehr volatil und vom Kapitalmarkt abhängig, durch diese Abhänigkeit kann ein Ergebnis z.b. aus dem Eigenhandel auch negativ sein und damit ein Auslöser einer Krise sein.[47]

Durch das Trennbankensystem würden die Kreditinstitute kleiner werden und wären dadurch leichter zu steuern und zu überwachen. Vor allem eine Abwicklung der kleineren, abgetrennten Banken soll einfacher möglich sein.[48] Da die risikoreichen Quersubventionen entfallen würden, wäre eine risikobewusste Bepreisung der Produkte möglich. Eine Folge daraus wäre, dass die Transparenz und damit auch die Wettbewerbsintensität steigt.[49]

---

[45] Vgl. Steinberg P., Somnitz C. (2012), S. 384.
[46] Vgl. Steinberg P., Somnitz C. (2012), S. 385.
[47] Vgl. Wittmann C. (2010), S. 78.
[48] Vgl. Klaus B., Schäfer (2012), S. 12.
[49] Vgl. Blum U., (2012), S. 2.

4.2   Argumentation gegen das Trennbanksystem in Europa

Die Einführung eines Trennbankensystem würde die Risiken innerhalb eines Kreditinstitutes zwischen Commercial und Investment Banking zwar trennen, dennoch würden neue Risiken entstehen.

Ein Aspekt ist, dass während der letzten Finanzkrise vor allem Spezialbanken im Investment Banking Bereich betroffen waren. Obwohl nur wenige direkten Kundeneinlagen betroffen waren, musste die Bundesrepublik Deutschland eingreifen und wie z.b. die Spezialbank „Hypo Real Estate" vollverstaatlichen, da eine Insolvenz Auswirkungen auf das gesamte deutsche Banksystem gehabt hätte.[50] In den USA waren die Investmentbanken die Multiplikatoren, welche die Subprime-Krise zu einer globalen Finanzkrise entwickelten. Ein Trennbankensystem hätte hier nicht geholfen, in der USA waren sogar zu wenige Elemente eines Universalbankensystems vertreten, welches die Krise unterstützte.[51] Die "too big to fail" Problematik kann daher nicht grundsätzlich mit einem Trennbankensystem gelöst werden.

Eine weitere Problematik besteht darin, dass Spezialbanken ihre Ertragsquellen nur deutlich schlechter diversifizieren können als Universalbanken. Diese Problematik war bereits in den USA, in den Zeiten des strengen Trennbankensystem vor 1999, festzustellen. Auch vor diesem Hintergrund wurden die Regeln des Trennbankensystem in den USA aufgehoben.[52] Ebenfalls sind die Möglichkeiten der Risikostreuung bei Trennbanken sowohl auf der Vermögens-, sowie die Fianzierungsseite gerringer als bei Universalbanken.[53]

Es ist zu empfehlen, dass die Banken sich wieder intensiver um Ihre Kundenbeziehungen bemühen und diesen im Rahmen einer Universalbank ein umfassendes Leistungsangebot anbieten. Durch das umfassende, auf den Kunden ausgerichtete Produktangebot entstehen erneute Vorteile für den Kunden und die Bank, welche sich wieder von der Kapitalmarktbank zur klassischen Universalbank entwickelt.[54]

---

[50] Vgl. Kaserer C. (2010), S. 30.
[51] Vgl. Burghof H. (2012), S. 3.
[52] Vgl. Burghof H. (2012), S. 3.; siehe auch: Kap. 2.3.
[53] Vgl. Klaus B., Schäfer (2012), S. 7.
[54] Vgl. Steinberg P., Somnitz C. (2012), S. 389.

Außerdem wirkt die Unterschiedlichkeit der internationalen Bankensysteme stabilisierend auf den globalen Finanzmarkt. Durch diese Unterschiedlichkeit können Auswirkungen systemischer Fehler begrenzt werden und eine gegenseitige Krisenhilfe der Finanzintermediäre ist möglich.[55]

4.3 Kritische Würdigung und Handlungsempfehlung

Die Einführung eines Trennbankensystems erscheint aus mehreren Gründen als sinnvoll.

Ein Ziel des Trennbankensystems ist es, dass durch die Aufspaltung des Commercial und des Investment Bankings die Banken einfacher abzuwickeln sind. Derzeit ist die Abwicklung systemrelevanter Universalbanken nur schwer ohne erhebliche volkswirtschaftliche Auswirkungen möglich. Bei der letzten Finanzkrise im Jahr 2008 sind vor allem Spezialbanken im Rahmen von Investmentbanken als systemrelevant eingestuft wurden und haben staatliche Unterstützung erhalten, so z.B. in Deutschland die Hypo Real Estate. Diese Erfahrung zeigt, dass ein Trennbankensystem alleine die "too big to fail" Problematik nicht lösen kann.

Die Abspaltung in abgeschirmte Banken, welche zum Großteil nur untereinander Geschäft miteinander betreiben dürfen, erscheint vorteilhafter, jedoch muss hierbei berücksichtigt werden, dass die abgeschirmten Kreditinstitute ihre Erträge nur sehr schlecht diversifizieren können. Um weiterhin hohe Erträge zu erwirtschaften, müssten die Banken Kredite mit höherem Risiko vergeben. Ein Verlagerung der Finanzierung der Volkswirtschaft vom Investment Banking hin zur Commercial Banking ist möglich. Zu beachten ist jedoch, dass nach dem Liikanen-Vorschlag der Emissionshandel weiterhin zugelassen ist.

Durch die Verschiebung des Risikos vom Investment Banking hin zum Commercial Banking muss beachtet werden, dass eine Abwicklung von abgeschirmten Banken deutlich schwieriger ist, als die Abwicklung von Universalbanken, da die abgeschrimten Banken grundsätzlich als höchstsystemrelevant eingestuft werden.[56]

---

[55] Vgl. Burghof H. (2012), S. 3.
[56] Vgl. Bundesministerium der Finanzen (2014), S. 13.

Positiv ist zu erwähnen, dass der Handel und die Emission von derivaten Produkten sowie der Eigenhandel bei abgeschirmten Banken verboten sind. Durch diese Maßnahme wird die Finanzmarktstabilität erhöht.

Das Gesetz zur Abschirmung von Risiken und zur Planung der Sanierung und Abwicklung von Kreditinstituten und Finanzgruppen, welches in der Bundesrepublik Deutschland zum 13. August 2013 in Kraft getreten ist[57], ist zu begrüßen. Durch die größenmässigen Bedingungen betrifft dieses Gesetz nur die systemrelevanten Kreditinstitute in der Bundesrepublik. Dadurch werden die Besonderheiten im deutschen Bankensystem, mit dem stark ausgeprägten Univeralbanksystem mit den Sparkassen und genossenschaftlichen Banken, berücksichtigt.

4.4 SCP: Auswirkungen des Trennbanksystem auf die Stadtsparkasse Düsseldorf

Die Stadtsparkasse Düsseldorf ist ein regional ansässiges Kreditinstitut in Düsseldorf in der Rechtsform einer Anstalt des öffentlichen Rechts. Im Jahr 2013 war die Stadtsparkasse Düsseldorf nach Bilanzsummen die achtgrößte Sparkasse im Deutschen Sparkassen- und Giroverband.[58] Die vorläufige Bilanzsumme zum 31.12.2013 beträgt 12.158 Mio. Euro.[59] Das Geschäftsgebiet der Stadtsparkasse Düsseldorf umfasst die Landeshauptstadt Düsseldorf und die Stadt Monheim am Rhein. Zum 31.12.2013 beschäftigt die Stadtsparkasse Düsseldorf 2.321 sozialversicherungspflichtige Mitarbeiter und gehört damit zu den TOP-15 Arbeitgebern in Düsseldorf.[60] Im Jahr 2013 wurde insgesamt ein Gewinn vor Steuern auf Basis der vorläufigen Zahlen in Höhe von 96,6 Mio. erzielt.[61]

Bei der Stadtsparkasse Düsseldorf handelt es sich ähnlich wie bei allen anderen 417 Sparkassen um eine Universalbank. Neben dem Einlagen- und Kreditgeschäft betreibt die Stadtsparkasse Düsseldorf in jedoch geringerem Umfang das Investment Banking.

---

[57] Vgl. Bundesgesetzblatt Teil 1 2013 Nr. 47 12.08.2013 S. 3090.
[58] Vgl. http://www.dsgv.de/_download_gallery/statistik/Sparkassenrangliste_2013.pdf, abgerufen am 06.07.2014.
[59] Vgl. https://www.sskduesseldorf.de/pdf/presse/Pr_BilanzPK_2014.pdf, abgerufen am 06.07.2014
[60] Vgl. https://www.sskduesseldorf.de/pdf/presse/PM_BilanzPK_2014.pdf, abgerufen am 06.07.2014
[61] Vgl. https://www.sskduesseldorf.de/pdf/presse/Pr_BilanzPK_2014.pdf, abgerufen am 06.07.2014

Vor allem werden vorwiegend Unternehmenskunden hauseigene swap-basierte Lösungen angeboten, um Währungsrisiken abzusichern.

Im Jahr 2012 hat die Stadtsparkasse Düsseldorf ein Volumen von 3,5 Mrd. Euro an Eigenanlagen in Wertpapieren, gemäß Strategie wird nur in Anlagen mit einem Investmentgrade AAA bis BBB- investiert.[62]

Die Stadtsparkasse Düsseldorf ist durch das am 13. August 2013 in Kraft getretene Gesetzt zur Trennung des Eigenhandels ohne Kundenbezug vom Einlagengeschäft nicht betroffen, da die Bilanzsumme der Stadtsparkasse weit unter der Grenze von 90 Mrd. Euro liegt. Ebenfalls liegt kein Investment Banking Geschäft von über 100 Mrd. Euro vor.

---

[62] Vgl. Stadtsparkasse Düsseldorf (2013), S. 79.

5   Fazit

Der Finanzmarkt setzt sich aus verschiedenen Teilmärkten, wie dem Geld-, Kapital-, Kredit- und Devisenmarkt zusammen. Die Stabilität dieser Märkte ist von größter Bedeutung, da das gesamte weltweite Wirtschaftssystem an diese Märkte gekoppelt ist. Aus diesem Grund stellt die Finanzmarktstabilität eine der wichtigsten Aufgaben der Regierungen dar.

Mögliche Risiken, welche die Finanzmarktstabilität bedrohen, stellen z.b. das Klumpenrisiko, die bankruns sowie das systemische Risiko dar. Durch nationale und internationale Aufsichtsbehörden, wie z.b. die Bafin oder die europäische Aufsichtbehörde, welche bei der EZB angesiedelt ist, werden die Kreditinstitute regelmäßig kontrolliert, um die Stabilität der Finanzmärkte sicherzustellen.

In Deutschland herrscht derzeit ein Universalbankensystem vor, da die Universalbanken in der Bundesrepublik dominieren. Universalbanken bieten ihren Kunden sowohl Commercial Banking, im Rahmen des klassischen Einlagen- und Kreditgeschäfts sowie Investment Banking an. Je nach Kreditinstitut haben die beiden Geschäftsbereiche unterschiedliche Ausprägungen. In Deutschland lassen sich die Universalbanken weiter in drei Gruppen einteilen. Dies sind Sparkassen, Genossenschaftliche Banken sowie private Kreditinstitute. Ebenfalls gibt es im deutschen Bankensystem Spezialbanken, dazu gehören z.b. reine Investmentbanken, Bausparkassen oder staatliche Förderbanken.

Aufgrund der weltweiten Finanzkrise aus dem Jahr 2008 wurden mehrere präventive Schutzmaßnahmen entwicklelt, um eine solche Krise in Zukunft zu vermeiden. Ein grundlegender Ansatz ist hier die Einführung eines Trennbankensystems, um die Tätigkeiten im Commercial Banking von den risikoreicheren Tätigkeiten im Investment Banking zu trennen. In der Folge entwickelten verschiedene Organisationen und Kommissionen Ansätze zur Einführung eines Trennbankensystems. In der Bundesrepublik Deutschland trat am 13. August 2013 ein solches Gesetz, aufbauend auf dem Vorschlag der Liikanen-Kommission, in Kraft.

Die Hauptgründe zur Einführung eines solchen Trennbankensystems sind die Trennung der Kundeneinlagen vom Investment Banking, um dadurch die Sicherheit der Einlagen zu erhöhen. Ebenfalls ist ein Kreditinstitut durch eine solche Trennung deutlich einfacher abzuwickeln. Kritiker halten entgegen, dass die Krise im Jahr 2008 gerade durch abgetrennte Spezialbanken entstand und Universalbanken ihre Erträge deutlich besser diversifizieren können. Außerdem wirkt die Unterschiedlichkeit der Finanzsysteme stabilisierend.

Das Resultat ist, dass das Trennbankensystem isoliert eine erneute Krise nicht vermeiden kann. Das Trennbankensystem stellt jedoch einen wichtigen Eckpfeiler der Finanzmarktstabilität im Euroraum dar. Daneben werden noch weitere regulatorische Maßnahmen benötigt, um eine Stabilität im Euroraum vollständig sicherzustellen.

Literaturverzeichnis

Aulibauer A., Thießen F. (2002): Investment Banking und die Stabilität des Finanz-systems, in: Hockmann H, Thießen F. (Hrsg.), Investment Banking, Stuttgart 2002, S. 62-69.

Blum U. (2012): Trennbankensystem Transparente Systemik, in: Wirtschatfsdienst, 92. Jg., Nr. 1, S. 3.

Bundesministerium der Finanzen (2013): Neuer Ordnungsrahmen für die Finanz-märkte, Berlin 2013.

Bundesministerium der Finanzen (2014): Stabilitätsorientierte staatliche Finanzen, in: Monatsbericht Feburar 2014

Burghof H. (2012): Trennbankensystem Kreative Vielfalt zulassen, in: Wirtschatfs-dienst, 92. Jg., Nr. 1, S. 3.

Deutsche Bundesbank (2014): Monatsbericht Juni 2014, Frankfurt am Main 2014.

Gischer H., Herz B., Menkhoff L. (2012): Geld, Kredit und Banken, 3. Aufl., Berlin 2012.

Hartmann-Wendels T., Pfingsten A., Weber M. (2010): Bankbetriebslehre, 5. Aufl., Heidelberg 2010.

High-level Expert Group on reforming the structure of the EU banking sector (2012): Final Report, Brüssel 2012.

Kaserer C. (2010): Staatliche Hilfen für Banken und ihre Kosten – Notwendigkeit und Merkmale einer Austiegsstrategie, München 2010.

KfW (2014): KfW Geschäftsbericht 2013, Frankfurt am Main 2014.

Ehrenwörtliche Erklärung

Klaus B., Schäfer D. (2013): Implizite Staatsgarantien verschärfen die Probleme –
Trennbankensystem allein ist keine Lösung, in: DIW Wochenbericht, 80. Jg., Nr. 18.

Kopf C. (2013): Das europäische Finanzsystem nach dem Zypernprogramm, in: Wirtschatfsdienst, 93. Jg., Nr. 4, S. 233-237.

Möschel W. (1978): Das Trennsystem der U.S.-amerikanischen Bankenwirtschaft, Baden-Baden 1978.

Sachverständigenrat (2011): Jahresgutachten 2011/12, Wiesbaden 2011.

Sauter, W. (2010): Grundlagen des Bankgeschäftes, 9. Aufl., Frankfurt 2010.

Stadtsparkasse Düsseldorf (2013): Jahresbericht 2012, Düsseldorf 2013.

Steinberg P., Somnitz C. (2012): Wege zu einer stärkeren Trennung von Investment-
und Geschäftsbanking, in: Wirtschatfsdienst, 92. Jg., Nr. 6, S. 384-391.

Tolkmitt V. (2007): Neue Bankbetriebslehre, 2. Aufl., Wiesbaden 2007.

Wittmann C. (2010): Investment Banking und Nachfolgeberatung der Sparkassen,
Köln 2010.

Internetquellen:

http://dipbt.bundestag.de/extrakt/ba/WP17/508/50871.html, abgerufen am 09.07.2014

http://www.bundesbank.de/Redaktion/DE/Reden/2014/2014_01_16_nagel.html, abgerufen am 03.07.2014.

http://www.dsgv.de/_download_gallery/statistik/Sparkassenrangliste_2013.pdf, abgerufen am 06.07.2014.

http://www.handelsblatt.com/politik/international/michel-barnier-eu-kommissar-verteidi gt-trenn banken-gesetz/9400800.html, abgerufen am 03.07.2014.

http://www.handelsblatt.com/unternehmen/banken/kapitalerhoehung-commerzbank-will -den-staat-rausschmeissen/7919576.html, abgerufen am 03.07.2014

http://www.handelsblatt.com/unternehmen/banken/volcker-vorschriften-us-bankenregel n-nach-langem-gezerre-beschlossen/9195302.html, abgerufen am 09.07.2014.

https://www.sskduesseldorf.de/pdf/presse/PM_BilanzPK_2014.pdf, abgerufen am 06.07.2014

https://www.sskduesseldorf.de/pdf/presse/Pr_BilanzPK_2014.pdf, abgerufen am 06.07.2014

http://www.welt.de/wirtschaft/article126335568/Milliarden-Ausschuettung-fuer-Lehma n-Glaeubiger.html, abgerufen am 25.07.2014